LOI DU 7 AOUT 1913

modifiant les lois des cadres de l'infanterie, de la cavalerie, de l'artillerie et du génie, en ce qui concerne l'effectif des unités et fixant les conditions du recrutement de l'armée active et la durée du service dans l'armée active et ses réserves.

Le Sénat et la Chambre des députés ont adopté,

Le Président de la République promulgue la loi dont la teneur suit :

Art. 1ᵉʳ. — Les lois relatives à la constitution des cadres et des effectifs de l'infanterie, la cavalerie, l'artillerie et le génie sont modifiées, en ce qui concerne l'effectif en hommes de l'armée active des différentes unités, conformément au tableau annexé à la présente loi.

Art. 2. — Les effectifs fixés par les lois des cadres et des effectifs représentent les nombres au-dessous desquels le total des hommes du service armé présents dans les différentes unités ne peut être abaissé. Ces effectifs ne peuvent être modifiés que par des lois spéciales indépendantes des lois de finances.

Art. 3. — L'article 1ᵉʳ de la loi du 21 mars 1905 est complété ainsi qu'il suit :

« L'armée active se recrute :

« 1° Par appels annuels du contingent ;

« 2° Par engagements volontaires et rengagements. »

Art. 4. — Le deuxième paragraphe de l'article 2 de la loi du 21 mars 1905 est modifié ainsi qu'il suit :

« Il a une durée de vingt-huit années et s'accomplit selon le mode déterminé par la présente loi. »

Art. 5. — L'article 7 de la loi du 21 mars 1905 est complété comme suit :

« Le temps passé sous les drapeaux par les fonctionnaires, agents et sous-agents de toutes les administrations de l'État, par les ouvriers et employés des établissements de l'État, soit avant, soit après leur admission dans les cadres, est compté pour le calcul de l'ancienneté de services exigée pour la retraite et pour le calcul de l'ancienneté exigée pour l'avancement, pour une durée équivalente de services civils.

« Ce temps est compté en une seule fois, aussitôt accompli, si le service militaire est fait après l'admission dans les cadres ou, dès l'entrée dans les cadres, s'il a été fait auparavant. »

Art. 6. — L'article 10 de la loi du 21 mars 1905 est modifié ainsi qu'il suit :

« Chaque année, pour la formation de la classe, les maires établissent les tableaux de recensement des jeunes gens ayant atteint l'âge de dix-neuf ans révolus dans l'année précédente et domiciliés dans l'une des communes du canton.

« Les classes sont incorporées l'année de leur recensement. »

Art. 7. — La classe de 1913 sera incorporée dans la seconde quinzaine de novembre, au plus tard ; pour les appelés de cette classe, la durée du service comptera du 1er octobre 1913.

Les tableaux de recensement de la classe 1913 seront dressés sans délai dans les conditions indiquées par l'article 10 de la loi du 21 mars 1905, modifié par l'article 6 de la présente loi. Ils seront publiés aussitôt et de telle manière que l'unique publication qui en sera faite ait lieu au plus tard le troisième dimanche qui suivra la promulgation de la présente loi.

Le délai d'un mois prévu à l'article 10 précité est, par exception, réduit à dix jours.

Les demandes de sursis d'incorporation prévues à l'article 21 de la loi du 21 mars 1905 devront être adressées au maire dix jours au moins avant la date fixée pour les opérations des conseils de revision. Elles seront instruites et soumises d'urgence au préfet dans les formes en vigueur.

Art. 8. — L'article 12 de la loi du 21 mars 1905 est modifié ainsi qu'il suit :

« Les individus devenus Français par voie de naturalisation sont portés sur les tableaux de recensement de la première classe formée après leur changement de nationalité ;

« Les individus inscrits sur les tableaux de recensement, en application du paragraphe précédent, sont incorporés en même temps que la classe avec laquelle ils ont pris part aux opérations de la revision. Ils sont tenus d'accomplir le même temps de service actif, sans que, toutefois, cette obligation ait pour effet de les maintenir sous les drapeaux, en dehors des cas prévus par les articles 34 et 39, au delà de leur trente-cinquième année révolue. Ils suivent ensuite le sort de la classe avec laquelle ils ont été incorporés. Toutefois, ils sont libérés à titre définitif à l'âge de cinquante ans au plus tard.

« Lorsque l'inscription d'un jeune homme sur les tableaux de recensement a été différée par application de conventions internationales, la durée obligatoire du service actif ne subit aucune réduction, sous la réserve, ci-dessus exprimée, que ce service ne se prolongera pas au delà de la trente-cinquième année révolue. »

La situation des individus devenus Français par voie de réintégration ou déclaration continue à être réglée par les dispositions de l'article 12 de la loi du 21 mars 1905.

Art. 9. — L'article 18 de la loi du 21 mars 1905 est complété par les dispositions suivantes :

« Toutefois, les jeunes gens classés dans les troisième et quatrième catégories n'y seront définitivement maintenus qu'après avoir été convoqués, examinés et entendus par la commission de réforme, dont la date et le siège leur seront individuellement notifiés.

« S'ils ne se rendent pas à la convocation, s'ils ne s'y font pas représenter ou s'ils n'ont pas obtenu un délai, il est procédé comme s'ils étaient présents et ils sont considérés comme aptes au service armé.

« Les hommes de la quatrième catégorie sont, toutefois, astreints à se présenter et à subir l'examen d'un conseil de revision :

« 1° A la date de leur passage dans la réserve active (vingt-quatre ans);

« 2° Cinq ans après cette première visite (vingt-neuf ans);

3° Au moment de leur passage dans l'armée territoriale (trente-cinq ans).

« Ceux reconnus, à l'un quelconque de ces examens, aptes au service militaire, sont immédiatement soumis aux obligations de la classe à laquelle ils appartiennent par leur âge.

« L'emploi de chacun est fixé, dans la mesure du possible, suivant ses aptitudes physiques, morphologiques et professionnelles.

« Le recrutement sera organisé de telle sorte que les réservistes soient le plus près possible du centre des unités actives où ils auront fait leur service et qu'ils devront rejoindre au moment de la mobilisation. »

Art. 10. — L'article 19 de la loi du 21 mars 1905 est modifié ainsi qu'il suit :

« Le fonctionnement du conseil de revision est modifié de la façon suivante :

« A côté du conseil de revision, fonctionnant après lui, est créée une commission médicale militaire chargée d'examiner les cas douteux reconnus par l'expert médical du conseil de revision.

« Cette commission, réunie au chef-lieu de chaque subdivision de région, sera composée de trois médecins militaires.

« Elle adressera au préfet un rapport sur chacun des hommes examinés.

« Le conseil de revision, dans sa séance finale, statuera sur tous les cas présentés en dehors de la présence des intéressés. Ultérieurement, le préfet communiquera à chacun des hommes examinés la décision prise sur son compte.

« Les jeunes gens reconnus par le conseil de revision d'une constitution physique trop faible peuvent être ajournés jusqu'à l'époque où ils passent dans la réserve de l'armée active.

« A moins d'une autorisation spéciale, ces ajournés sont astreints à repasser la visite devant le conseil de revision du canton qui les a examinés une première fois.

« Les jeunes gens ajournés une première fois, reconnus bons l'année suivante, feront trois ans ; après deux ajournements, les hommes pris par la revision feront deux ans.

« Ceux qui, ayant été ajournés trois fois, sont pris au quatrième examen, sont astreints à un an de service.

« Ceux enfin qui, après avoir été ajournés quatre fois, sont déclarés bons au dernier examen qu'ils doivent subir, sont versés dans la réserve et astreints aux périodes de la classe à laquelle ils appartiennent.

« Les jeunes gens dont l'état physique est suffisant pour qu'ils soient versés dans l'armée active, mais qui présentent une tare accidentelle ou congénitale les empêchant de faire du service armé, sont versés dans le service auxiliaire et font trois ans de service.

« Sous aucun prétexte, les hommes reconnus faibles

de constitution ne peuvent être versés dans le service auxiliaire.

« Les ajournés sont, après leur libération, astreints aux obligations de leur classe d'origine.

« Les règles applicables aux ajournés le sont également aux jeunes gens réformés temporairement, qu'ils soient appelés ou engagés, qu'ils appartiennent au service armé ou au service auxiliaire, si, le temps de la réforme temporaire écoulé, ils sont reconnus aptes à reprendre du service. Le temps passé dans la position de réforme temporaire compte pour le service actif. »

Art. 11. — Les troisième et cinquième paragraphes de l'article 21 de la loi du 21 mars 1905 sont remplacés par les dispositions suivantes :

« § 3. — Les demandes de sursis adressées au maire dans les deux mois qui précèdent les opérations du conseil de revision sont instruites par lui ; le conseil municipal donne son avis motivé. Elles sont envoyées au préfet et transmises par lui, avec ses observations, au conseil de revision, qui statue.

« § 5. — Les jeunes gens qui ont obtenu, sur leur demande, un ou plusieurs sursis suivent le sort de leur classe d'origine. »

Art. 12. — L'article 22 de la loi du 21 mars 1905 est ainsi modifié :

« Les familles des militaires de l'armée de terre et de l'armée de mer remplissant effectivement, avant leur départ pour le service, les devoirs de soutiens indispensables de famille, auront droit, sur leur demande, en temps de paix, à une allocation journalière fournie par l'État pendant la présence de ces jeunes gens sous les drapeaux.

« Cette allocation est fixée par jour à 1 fr. 25. Elle sera majorée de 0 fr. 50 pour chacun des enfants âgés de moins de seize ans, à la charge du soutien de famille.

« La même allocation sera due aux familles des militaires qui, pendant leur présence sous les drapeaux, justifieront de leur qualité de soutiens indispensables de famille.

« Les demandes sont adressées par les familles au maire de la commune de leur domicile. Il en sera donné récépissé. Elles doivent comprendre à l'appui :

« 1° Le relevé des contributions payées par la famille et certifié par le percepteur ;

« 2° Un état certifié par le maire de la commune et indiquant le nombre et la position des membres de la famille vivant sous le même toit ou séparément, les revenus et ressources de chacun d'eux.

« Le conseil municipal émet sur chaque demande un avis motivé.

« Le dossier ainsi constitué est transmis au préfet qui, dans le mois, provoque une enquête de la gendarmerie sur la situation matérielle de la famille et émet un avis motivé.

« Le dossier ainsi complété reste déposé à la mairie pendant quinze jours. Acte de ce dépôt est notifié au demandeur. Celui-ci peut en prendre connaissance et présenter par écrit ses observations.

« A l'expiration de ce délai de quinzaine, le maire transmet le dossier à un conseil composé du juge de paix, président ; du contrôleur des contributions directes et du receveur de l'enregistrement.

« Ce conseil statue sur la demande d'allocation ; sa décision doit être motivée ; elle est rendue en séance publique et notifiée dans la huitaine par le greffier, tant au demandeur qu'au préfet du département.

« Dans le mois de cette notification, appel peut être interjeté, tant par le demandeur que par le préfet du département.

« Cet appel est motivé.

« Il est porté devant le tribunal civil de l'arrondissement qui statue en chambre du conseil, sur pièces et sans frais, l'intimé ayant été appelé à fournir une réponse écrite aux motifs invoqués dans l'acte d'appel qui lui aura été notifié.

« Lorsqu'il s'agira de familles résidant à l'étranger et remplissant les conditions du présent article, les demandes d'allocation seront adressées au consul de la ville de leur résidence qui les instruira et statuera par des décisions motivées, communiquées aux intéressés et au ministre des affaires étrangères.

« Un règlement d'administration publique déterminera les conditions d'application et de procédure du présent article. »

Art. 13. — L'article 23 de la loi du 21 mars 1905 est remplacé par les dispositions suivantes :

« Les jeunes gens admis à l'école spéciale militaire, à l'école du service de santé militaire et à l'école du service de santé de la marine entreront directement dans ces écoles pour y faire leurs deux années de service. Ils seront versés chaque année, pendant deux mois, dans un corps de troupes, à la date du 1er août, pour y servir, la première année, comme soldats, la deuxième année, comme sous-officiers et participer aux grandes manœuvres. Ces jeunes gens, en entrant à l'école, devront contracter un engagement de huit années.

« Les jeunes gens admis à l'école polytechnique entreront directement dans cette école pour y faire leurs deux années de service. Ils seront versés chaque année pendant deux mois dans un corps de troupes à la date du 1er août pour y servir, la première année, comme soldats, la deuxième, comme sous-officiers et participer aux grandes manœuvres.

« Ceux d'entre eux qui ne seront pas classés dans les armées de terre ou de mer feront deux ans de service à leur sortie de l'école comme sous-lieutenants de réserve.

« Les jeunes gens admis à l'école polytechnique devront contracter lors de leur entrée à l'école un engagement de huit années au service de l'État.

« Les élèves de l'école spéciale militaire, de l'école polytechnique, de l'école du service de santé militaire et de l'école du service de santé de la marine qui n'ont pas satisfait aux examens de sortie et ceux qui ont quitté l'école pour une cause quelconque sont incorporés dans un corps de troupes, comme soldats ou comme sous-officiers, pour y accomplir le complément des trois années de service exigées par la présente loi. Ce complément ne pourra être inférieur à deux ans.

« Dans ce cas, l'engagement qu'ils avaient contracté est annulé. Il l'est également pour les élèves de l'école polytechnique qui, ayant satisfait aux examens de sortie, n'ont été classés dans aucun des services qu'ils avaient demandés.

« Nul ne sera admis à passer le concours d'admission à l'école spéciale militaire et à l'école polytechnique, s'il ne justifie avoir fait en France les trois dernières années d'études qui ont précédé le concours.

« Les jeunes gens admis après concours à l'école normale supérieure et à l'école forestière, à l'intérieur desquelles l'instruction militaire est organisée, devront contracter, lors de leur entrée à l'école, un engagement de huit années au service de l'Etat et seront assimilés aux élèves de l'école polytechnique. Ils seront donc versés, chacune des deux premières années, pendant deux mois, dans un corps de troupes, à la date du 1er août, pour y servir, la première année comme soldats, la deuxième comme sous-officiers, et participer aux grandes manœuvres. Ils feront deux ans de service à leur sortie de l'école comme sous-lieutenants de réserve. »

Art. 14. — L'article 24 de la loi du 21 mars 1905 est remplacé par les dispositions suivantes :

« Chaque année, au bout de six mois de service, entre les soldats incorporés, appelés ou engagés, un concours est ouvert pour l'admission aux écoles militaires d'infanterie, de cavalerie, d'artillerie, du génie et d'administration. Après un an de service à la caserne, les candidats admis entrent aux écoles. La durée des études y est d'un an. A leur sortie les élèves sont nommés aspirants. Ils accompliront le dernier semestre de leur troisième année de service comme sous-lieutenants de réserve.

« A leur libération, ils sont nommés officiers dans la réserve et doivent conserver leurs fonctions pendant un temps fixé par le ministre de la guerre au moment du concours.

« A l'expiration de ce temps, ils peuvent renoncer à leur grade. Ceux qui le conserveront seront astreints à des périodes d'exercices fixées par le ministre de la guerre.

« Celui-ci pourra également autoriser, chaque année, un certain nombre de sous-lieutenants à rester dans l'armée; ils ne pouront être nommés lieutenants qu'après un séjour dans une école d'application.

« En aucun cas, le nombre des officiers de réserve provenant des sous-officiers de réserve des corps de troupes, ne pourra être inférieur au tiers des vacances annuelles. »

Art. 15. — L'article 25 de la loi du 21 mars 1905 est remplacé par les dispositions suivantes :

« Les docteurs ou les étudiants en médecine ou en pharmacie munis de douze inscriptions qui ont subi avec succès, à la fin de leur première année de service, l'examen de médecin ou de pharmacien auxiliaire, peuvent être nommés à cet emploi et accomplissent leurs deuxième et troisième années de service comme médecins ou pharmaciens auxiliaires.

« Les jeunes gens pourvus du diplôme de vétérinaire civil ou admis en quatrième année qui ont subi avec succès, à la fin de leur première année de service, l'examen de vétérinaire auxiliaire, sont nommés à cet emploi et accomplissent leurs deuxième et troisième années de service comme vétérinaires auxiliaires.

« Les étudiants en médecine, en pharmacie et les élèves vétérinaires pourront être autorisés, après une première année de service, à demander des sursis pour achever leurs études.

« Ils seront ensuite appelés pour terminer leurs deux années de service, qu'ils accompliront comme médecins, pharmaciens ou vétérinaires auxiliaires.

« S'ils ont leur diplôme de docteur en médecine, de pharmacien ou de vétérinaire ils pourront accomplir le dernier semestre de leur troisième année de service comme médecin ou pharmacien aide-major de réserve ou aide-vétérinaire.

« Les sursis ne pourront être accordés à ces étudiants que jusqu'à l'âge de vingt-sept ans révolus. »

Art. 16. — L'article 26 de la loi du 21 mars 1905 est remplacé par la disposition suivante :

« Les élèves des écoles normales et les instituteurs seront, pendant leur présence sous les drapeaux, astreints à un séjour minimum de trois mois à l'école normale de gymnastique. »

Art. 17. — Les limites d'âge prévues par les lois, décrets et arrêtés pour l'admission aux concours ou emplois de l'État, des départements et des communes sont reculées d'un an pour les jeunes gens ayant accompli trois années de service militaire. Elles sont abaissées d'un an par année de service militaire non accomplie. Toute année pendant laquelle il a été fait quatre mois de service compte pour une année de service.

Art. 18. — L'article 32 de la loi du 21 mars 1905 est remplacé par les dispositions suivantes :

« Tous les hommes reconnus aptes au service militaire sont tenus d'accomplir effectivement la même durée de service.

« Tout Français reconnu propre au service militaire fait partie successivement :

« De l'armée active pendant trois ans ;

« De la réserve de l'armée active pendant onze ans ;

« De l'armée territoriale pendant sept ans ;

« De la réserve de l'armée territoriale pendant sept ans.

« Le service militaire est réglé par classe. L'armée active comprend, indépendamment des hommes qui ne proviennent pas des appelés, tous les jeunes gens déclarés propres au service militaire armé et auxiliaire et faisant partie des trois derniers contingents incorporés. »

ART. 19. — Le sixième paragraphe de l'article 33 de la loi du 21 mars 1905 est modifié ainsi qu'il suit :

« Dans le cas où les circonstances paraîtront l'exiger, le ministre de la guerre et le ministre de la marine sont autorisés à conserver temporairement sous les drapeaux la classe qui a terminé sa troisième année de service. Notification de cette décision sera faite aux Chambres dans le plus bref délai possible. »

ART. 20. — L'article 35 de la loi du 21 mars 1905 est complété comme suit :

« Les jeunes gens appelés sous les drapeaux pour y accomplir la durée légale du service sont classés dans les différents corps de troupes suivant les règles fixées par le ministre de la guerre pour l'incorporation annuelle du contingent. Aucun d'eux ne peut être l'objet d'une affectation spéciale qui ne serait pas conforme à ces règles. »

ART. 21. — L'article 38 de la loi du 21 mars 1905 est remplacé par les dispositions suivantes :

« Les militaires engagés ou appelés sous les drapeaux au titre des contingents annuels, accomplissant la durée légale du service, pourront, en dehors des dimanches et jours fériés, obtenir des congés ou permissions jusqu'à concurrence d'un total de cent vingt jours, au cours de leurs trois années de service. En dehors des périodes de fêtes légales, le nombre des hommes simultanément absents ne dépassera pas, dans chaque unité, 10 p. 100 de l'effectif fixé par la loi des cadres des différentes armes ou services.

« Toutefois, à deux périodes dans l'année fixées par l'autorité militaire, mais qui ne pourront pas au total excéder deux mois, le pourcentage pourra être de 20 p. 100.

« Les hommes exerçant la profession d'agriculteur pourront, de préférence aux autres, obtenir leurs permissions au moment des travaux des champs, en une ou deux périodes.

« La qualité d'agriculteur sera reconnue, pour les appelés, au moment de leur passage devant le conseil de revision, pour les engagés volontaires par le bureau de recrutement, après enquête de la gendarmerie.

« Les périodes de travaux agricoles seront déterminées annuellement par les conseils généraux dans leur session d'avril ou, à leur défaut, par les commissions départementales. Ces décisions seront notifiées par les soins des préfets à l'autorité militaire, qui en tiendra compte pour accorder les permissions agricoles.

« Les autorités militaires tiendront compte également de ces décisions pour fixer l'époque de convocation des réservistes agriculteurs dans les conditions compatibles avec les intérêts du service.

« Ces congés ou permissions ne pourront être supprimés qu'en cas de punition grave.

« Les militaires incorporés en Corse, en Algérie ou aux colonies, titulaires de permissions, bénéficieront de la réduction du quart de place pour leur transport sur les bateaux des compagnies de navigation.

« Les militaires servant aux colonies ou dans les pays de protectorat, auxquels les nécessités de service ou le défaut de ressources n'auront pas permis de profiter de tout ou partie des cent vingt jours de permission, pourront en bénéficier en une seule fois immédiatement avant leur libération. »

Art. 22. — L'article 39 de la loi du 21 mars 1905 est complété par le paragraphe suivant :

« Néanmoins, ceux des militaires dont la conduite

aura été satisfaisante depuis leurs punitions pourront bénéficier d'une réduction partielle ou même totale, après comparution devant un conseil de discipline régimentaire dont la composition sera réglée par décret. »

Art. 23. — Le treizième paragraphe de l'article 41 de la loi du 21 mars 1905, relatif à la revue d'appel des hommes de la réserve de l'armée territoriale, est complété par la disposition suivante :

« La décision ministérielle qui prescrit cette revue doit être motivée et spéciale aux unités ou fractions d'unités qu'il est utile de convoquer. »

Art. 24. — L'article 41 de la loi du 21 mars 1905 est complété par la disposition suivante :

« Indépendamment de la période d'instruction à laquelle ils sont astreints tous les deux ans, les officiers de complément peuvent accomplir, chacune des autres années, une période de quinze jours avec solde. »

Art. 25. — Les trois derniers paragraphes de l'article 50 de la loi du 21 mars 1905, modifiés par la loi du 11 mars 1913, sont remplacés et complétés par les dispositions suivantes :

« Tous les ans, les jeunes gens d'au moins dix-huit ans, remplissant les conditions d'aptitudes physiques et pourvus du certificat d'aptitude militaire institué par la loi du 8 avril 1905, seront admis à contracter, au moment de l'incorporation de la classe, dans le corps de leur choix, et jusqu'à concurrence du nombre fixé par le ministre, pour chaque corps, un engagement spécial de trois ans, dit de devancement d'appel.

« Les jeunes gens d'au moins dix-neuf ans, non pourvus du certificat d'aptitude militaire et réunissant les conditions fixées par la loi de recrutement, pourront être admis à contracter, dans les troupes métropolitaines, des engagements de trois ans.

« Le ministre de la guerre déterminera les corps dans lesquels seront admis les engagés de chaque subdivision de région, les époques auxquelles ces engagements seront souscrits, ainsi que leur nombre pour chaque corps.

« Les deux dispositions énoncées ci-dessus prendront fin trois ans après la promulgation de la présente loi, si l'éducation militaire de la jeunesse n'a pas été organisée par une loi dans l'ensemble du pays.

« Les jeunes gens âgés d'au moins dix-huit ans qui sont désireux d'aller se fixer, à l'expiration de leur service militaire, soit en Algérie, soit dans une colonie française, soit dans les pays de protectorat, soit à l'étranger hors d'Europe et des pays limitrophes de la Méditerranée, sont admis, s'ils remplissent les conditions prévues à l'article 50 de la loi du 21 mars 1905, à contracter, au moment de l'incorporation de la classe, un engagement spécial de trois ans six mois, dit de devancement d'appel, pour résidence dans une colonie française ou à l'étranger hors d'Europe. Ils auront la faculté d'être mis en congé à l'expiration de leur troisième année de service, s'ils ont obtenu un certificat de bonne conduite. Dans les six mois qui suivent leur libération, ces jeunes gens devront se rendre en Algérie, dans une colonie française, dans un pays de protectorat ou à l'étranger hors d'Europe et des pays limitrophes de la Méditerranée et faire certifier chaque année, pendant cinq années consécutives, leur présence dans les pays d'outre-mer par le gouverneur de la colonie ou l'agent diplomatique français, suivant le cas.

« Les jeunes gens visés à l'alinéa précédent qui, dans les six mois qui suivront leur libération, n'auront pas justifié de leur établissement effectif outre-mer, ceux qui, au cours de leur délai quinquennal, séjourneront plus de trois mois en France dans le courant de la même année, et ceux qui rentreront en France définitivement avant l'expiration du délai quinquennal seront tenus d'accomplir six mois de service supplémentaires.

« Les mêmes facilités d'engagement par devancement d'appel sont accordées aux jeunes gens nés ou déjà fixés à l'étranger. Les certificats prévus n'ont, en ce cas, qu'à être envoyés pendant un nombre d'années suffisant à parfaire une période quinquennale de résidence fixe à l'étranger en tenant compte du nombre des années qu'ils y auraient passées antérieurement à leur engagement.

« L'affectation aux divers corps de troupes des jeunes gens admis à contracter un engagement dit de devancement d'appel sera faite par les bureaux de recrutement. »

Art. 26. — L'article 51 de la loi du 21 mars 1905 est modifié ainsi qu'il suit :

« Les jeunes gens réunissant les conditions prévues à l'article 50 ci-dessus peuvent contracter, pour les troupes métropolitaines, des engagements de quatre et cinq ans et, pour les troupes coloniales, ainsi que pour certains corps métropolitains d'Afrique désignés par le ministre de la guerre, des engagements de trois, quatre et cinq ans, sous réserve toutefois, pour les troupes coloniales, de la restriction imposée par le paragraphe 1° de l'article 50.

« Le service militaire compte, pour les engagés, du jour de la signature de l'acte d'engagement. Ils passent dans la réserve à l'expiration de leur service actif et suivent ensuite le sort de la classe incorporée dans l'année de leur engagement.

« Les jeunes gens qui contractent un engagement volontaire de quatre ou cinq ans ont le droit de choisir leur arme et leur corps, sous réserve des conditions d'aptitude physique exigées pour cette arme. Ces engagements de quatre ou cinq ans sont admis à des dates fixées par le ministre de la guerre. »

Art. 27. — Le dernier paragraphe de l'article 52 de la loi du 21 mars 1905 est modifié ainsi qu'il suit:

« Le temps ainsi passé sous les drapeaux sera, pour

ces engagés, déduit des trois années de service actif. »

Art. 28. — Les premier, deuxième et quatrième paragraphes de l'article 54 et le premier paragraphe de
l'article 55 de la loi du 21 mars 1905 sont modifiés par
les dispositions suivantes :

« Les rengagements sont renouvelables jusqu'à une
durée totale de quinze années de service pour les sous-
officiers ou anciens sous-officiers de l'armée métropolitaine, pour les caporaux, brigadiers ou soldats de cette
armée, occupant certains emplois désignés par le ministre de la guerre, pour les militaires de tous grades de
l'armée coloniale, du régiment de sapeurs-pompiers de
Paris, et de certains corps de l'armée métropolitaine
d'Afrique désignés par le ministre.

« De dix années pour les brigadiers et soldats dans
les régiments de cavalerie et les batteries des divisions
de cavalerie ;

« Et de cinq années pour les brigadiers, caporaux et
soldats des autres troupes métropolitaines.

« Dans les limites indiquées ci-dessus, les militaires
de toutes armes et de tous grades peuvent contracter
des rengagements de six mois, un an, dix-huit mois,
deux, trois, quatre et cinq ans.

« Peuvent être maintenus sous les drapeaux, comme
rengagés après quinze ans de services :

« 1° Les militaires de toutes armes et de tous grades,
pourvus dans les différents corps et services de certains
emplois déterminés par le ministre de la guerre ;

« 2° Les militaires de la gendarmerie, de la justice
militaire, du régiment de sapeurs-pompiers de Paris,
de la remonte, et le personnel employé dans les écoles
militaires.

« La durée maximum des rengagements successifs que
peuvent contracter les militaires ayant plus de quinze
ans de services est fixée à deux années ; l'âge maximum
auquel ils sont rayés des cadres est de cinquante ans,
à l'exception des militaires occupant certains emplois

sédentaires fixés par le ministre de la guerre, et qui peuvent être maintenus jusqu'à soixante ans. Les militaires de la gendarmerie pourront être maintenus jusqu'à l'âge de cinquante-cinq ans. »

Art. 29. — L'article 58 de la loi du 21 mars 1905 est supprimé.

Art. 30. — Le deuxième paragraphe de l'article 60 de la loi du 21 mars 1905 est remplacé par la disposition suivante :

« Tout militaire lié au service pour une durée supérieure à la durée légale a droit, à partir du commencement de la quatrième année de présence sous les drapeaux, à une haute paye journalière dont le tarif est fixé par le ministre de la guerre pour chaque grade et pour chacune des catégories ci-après :

« 1° Troupes et services de l'armée coloniale ;

« 2° Cavalerie et artillerie des divisions de cavalerie ;

« 3° Autres troupes et services de l'armée métropolitaine. »

Art. 31. — Les six premiers paragraphes de l'article 61 de la loi du 21 mars 1905, modifiée par la loi du 10 juillet 1907, sont remplacés par les dispositions suivantes :

« Tout militaire des troupes métropolitaines qui contracte un engagement ou rengagement de manière à porter son service à quatre ou cinq années a droit à une prime.

« Les militaires des troupes coloniales et de certains corps métropolitains d'Afrique désignés par le ministre de la guerre, y compris ceux ayant contracté un engagement dans les conditions prévues au deuxième alinéa de l'article 51 de la loi du 21 mars 1905, ont droit à une prime à partir du commencement de leur quatrième année de service jusqu'à la dixième inclusivement.

« Le taux de la prime varie suivant le temps que l'engagé ou le rengagé s'engage à passer sous les drapeaux et suivant le corps où il s'engage à servir.

« Conformément aux règles qui seront fixées par décret, la prime peut n'être acquise à l'engagé ou au rengagé qu'au moment de sa libération, ou bien lui être payée en partie le jour de la signature de son engagement ou de son rengagement.

« Le reliquat lui en est alors payé soit par annuités égales, soit en un seul versement au moment où il quitte le service. La partie de la prime constituant le dernier versement est augmentée de l'intérêt simple à 2 fr. 50 p. 100.

« Le ministre de la guerre fait connaître annuellement, à la date du 1er janvier, les tarifs des primes des sous-officiers, caporaux, brigadiers et soldats dans les différents corps. »

Art. 32. — L'article 64 de la loi du 21 mars 1905 est modifié comme suit :

« Les militaires ayant accompli au moins quatre années de service ou une période de séjour aux colonies sont dispensés de la première des périodes d'exercices de la réserve.

« Ceux ayant accompli au moins cinq ans de service sont dispensés des deux périodes d'exercices de la réserve. »

Art. 33. — L'article 65, neuvième paragraphe, de la loi du 21 mars 1905, est modifié comme suit :

« Les sous-officiers de toutes armes qui, après avoir servi cinq ans au moins au delà de la durée légale, seraient réformés avant d'avoir acquis des droits à la pension proportionnelle, toucheront, pendant un temps égal à la moitié de la durée de leurs services effectifs, une solde de réforme égale au montant de la pension proportionnelle de leur grade. »

Ce même article est complété par les paragraphes suivants :

« La pension civile ou le secours concédés à la veuve ou aux orphelins d'un fonctionnaire ou employé civil d'une administration publique ou de toute autre administration où des emplois sont réservés aux anciens militaires, décédé titulaire d'une pension proportionnelle au titre militaire, seront décomptés sur la totalité des services tant militaires que civils du mari ou du père. Chaque année de service militaire sera décomptée à raison de un vingt-cinquième de la pension ou du secours auquel cette veuve ou ces orphelins auraient eu droit si le mari ou le père avait accompli vingt-cinq années de services militaires.

« Il sera procédé, dans des conditions analogues, par une loi spéciale, à l'attribution de pensions ou de secours à la veuve ou aux orphelins des anciens militaires titulaires d'une pension proportionnelle, mais n'étant pas pourvus d'un emploi de l'État. »

Art. 34. — Le deuxième paragraphe de l'article 69 de la loi du 21 mars 1905, modifié par la loi du 10 juillet 1907, est remplacé par les dispositions suivantes :

« Les emplois désignés au tableau F également annexé à la présente loi sont réservés, dans les mêmes conditions, aux sous-officiers, brigadiers et caporaux de toutes armes qui ont accompli au moins quatre ans de service, et aux simples soldats ayant accompli au moins cinq ans de service dans la cavalerie ou l'artillerie des divisions de cavalerie. Un certain nombre des emplois de ce dernier tableau sont réservés aux militaires de tous grades de l'armée coloniale ayant quinze années de services, dont dix au moins dans l'armée coloniale et aux militaires de tous grades de certaines unités métropolitaines d'Afrique désignées par le ministre, ayant accompli quinze années de service dont dix au moins dans des corps ; ces militaires ont également droit aux autres emplois du même tableau. »

Les quatrième et cinquième paragraphes de l'article 69 de la loi du 21 mars 1905 sont supprimés.

Art. 35. — Les emplois de facteurs adultes des télégraphes, à Paris et dans les départements, sont réservés en totalité aux jeunes facteurs arrivés à leur majorité, pour permettre leur titularisation.

25 pour 100 des emplois de facteurs à Paris et de facteurs de ville dans les départements sont laissés à la disposition de l'administration pour assurer l'avancement du personnel local, rural et suburbain et la réintégration des jeunes facteurs des télégraphes.

25 pour 100 des emplois de facteurs locaux et ruraux sont réservés aux facteurs auxiliaires remplissant les conditions qui seront déterminées par l'administration et aux candidats civils appartenant de préférence à des familles nombreuses et réunissant les conditions réglementaires.

Le tableau G annexé à la loi du 21 mars 1905 est en outre modifié comme suit :

Administration centrale.

Personnel subalterne permanent (autre que les gardiens de bureau), 75 pour 100.

Art. 36. — L'article 71 de la loi du 21 mars 1905 est supprimé.

Art. 37. — L'article 77 de la loi du 21 mars 1905 est complété par le paragraphe suivant :

« Les militaires libérés après quinze ans de services dans les corps métropolitains d'Afrique désignés par le ministre de la guerre auront droit aux mêmes avantages que les militaires des troupes coloniales en ce qui concerne les emplois réservés visés au deuxième paragraphe de l'article 69 de loi du 21 mars 1905 et les concessions visées par le présent article. »

Art. 38. — Le quatrième paragraphe de l'article 90 de la loi du 21 mars 1905 est remplacé par la disposition suivante :

« En cas de mobilisation générale, les hommes valides

qui ont terminé leurs vingt-huit ans de services sont incorporés avec la réserve de l'armée territoriale, sans cependant pouvoir être appelés à servir hors du territoire de la colonie où ils résident. »

Art. 39. — L'article 94 de la loi du 21 mars 1905 est complété par la disposition suivante :

« Une loi, qui devra être promulguée dans un délai maximum d'un an après la promulgation de la présente loi, déterminera le nombre supplémentaire des médailles militaires à mettre à la disposition du ministre de la guerre et la répartition des médailles militaires entre les divers corps et armes. »

Art. 40. — Sont supprimés du tableau E les emplois de chef de brigade de gendarmerie et du tableau G les emplois de gendarme à pied et à cheval.

DISPOSITIONS TRANSITOIRES ET PARTICULIÈRES

Art. 41. — La présente loi n'est pas applicable aux appelés appartenant aux classes de 1910, 1911 et 1912, qui demeurent régies par la loi du 21 mars 1905.

Toutefois, les dispositions de l'article 18 relatives à la nouvelle durée du service dans les réserves seront appliquées aux hommes de toutes les classes, appelés ou recensés en vertu des lois antérieures, libérés ou non du service militaire actif, à l'exception des hommes actuellement dégagés par leur âge de toute obligation militaire.

Les jeunes gens, qui, au moment de la promulgation de la présente loi, servent comme engagés spéciaux par devancement d'appel, demeurent régis, quelle que soit leur classe de recrutement, par les clauses de l'engagement qu'ils ont souscrit par application de l'article 50 de la loi du 21 mars 1905.

A partir de la promulgation de la présente loi et seu-

lement jusqu'au jour de l'incorporation de la classe de
1912, les jeunes gens de cette classe, engagés pour
trois ans depuis le 1er janvier 1913, seront, sur leur
demande, assimilés, au point de vue de la date de leur
libération, aux hommes de la classe à laquelle ils appartiennent.

Ils perdront de ce fait tout droit aux primes et
hautes payes.

Ceux qui ne réclameront pas, le bénéfice de cette
mesure auront droit à une haute paye à partir de la
troisième année de service et à une prime de libération
de trois cents francs.

Les dispositions nouvelles relatives aux engagements
et rengagements entreront immédiatement en vigueur.
Les militaires qui servent en qualité de commissionnés
conserveront cette situation jusqu'à leur libération, à
moins qu'ils ne demandent eux-mêmes à continuer à
servir comme rengagés.

Sont et demeurent en vigueur les dispositions de la
loi du 21 mars 1905 qui ne sont pas contraires à la présente loi.

Des décrets détermineront les mesures d'exécution
de la présente loi.

Art. 42. — La disposition du septième paragraphe
de l'article 13 de la présente loi relatif au concours
d'admission à l'école spéciale militaire ou à l'école polytechnique ne sera applicable que cinq ans après la promulgation de la présente loi.

Art. 43. — Par mesure transitoire, un sursis d'office
est accordé aux jeunes gens de la classe de 1913 qui
n'auront pas répondu à l'appel de leur classe, lorsque
ces jeunes gens seront domiciliés à l'étranger.

Art. 44. — Sont autorisés, du 15 août au 15 novembre 1913, dans les limites fixées par le ministre :

1° Les devancements d'appel pour les jeunes gens de
dix-huit, dix-neuf, vingt ans : par mesure transitoire
exceptionnelle, seront admis les devancements d'appel

des jeunes gens de dix-huit ans non pourvus du certificat d'aptitude militaire ;

2° Les rengagements des hommes libérables de toutes
armes : rengagement d'un an, avec haute paye de
1 franc par jour et prime de libération de 500 francs ;
rengagements de deux ans, avec haute paye de 1 franc
et prime de libération de 1 100 francs ;

3° Dans les mêmes conditions de durée, de haute paye
et de prime — mais la prime étant payée au jour du
rengagement — le rengagement des soldats ayant
accompli leur service militaire et obtenu, à leur libération, le certificat de bonne conduite, n'ayant encouru
aucune condamnation et ne dépassant pas vingt-six
ans au 31 décembre de l'année de leur engagement.

Art. 45. — Les casernes nouvelles et les casernes
anciennes, après achèvement de leurs travaux d'aména-
gement et de réparations, ne pourront être utili-
sées qu'après avoir été reçues et déclarées en état
de salubrité nécessaire et suffisant par le service de
santé.

Art. 46. — Les Français ou naturalisés Français nés
à l'étranger hors d'Europe ou des pays limitrophes de
la Méditerranée et y résidant peuvent être admis à
bénéficier des dispositions concernant les Français résidant dans les colonies ou pays de protectorat visés
à l'article 90 de la loi du 21 mars 1905.

Ils accomplissent, dans ce cas, leur service militaire
dans une des colonies les plus voisines, suivant la
répartition arrêtée par décret rendu sur la proposition
des ministres de la guerre et des affaires étrangères,
sous réserve des dispositions contenues au troisième
alinéa de l'article 90 précité.

Ces dispositions sont également applicables aux
Français ou naturalisés Français qui se sont établis à
l'étranger hors d'Europe ou des pays limitrophes de
la Méditerranée avant l'âge de dix-huit ans ou qui s'y
sont établis après cet âge, s'ils n'ont pu, pour cause

d'inaptitude physique, contracter l'engagement prévu à l'article 25 de la présente loi.

Les jeunes gens visés au présent article doivent, en cas de mobilisation, rejoindre dans leur plus bref délai leur corps d'affectation.

S'ils revenaient en France avant leur passage dans l'armée territoriale, ils devraient accomplir ou compléter dans un corps de la métropole le temps de service dans l'armée active prescrit par l'article 18, sans toutefois pouvoir être retenus sous les drapeaux au delà de la date où leur classe d'origine passe dans l'armée territoriale.

Pendant les périodes de résidence obligatoire à l'étranger prévues par les dispositions du présent article, les intéressés sont admis à faire en France, chaque année, des séjours de trois mois.

Art. 47. — Dans le délai de six mois à partir de la promulgation de la présente loi, le Gouvernement présentera un projet de loi réglant les conditions de recrutement des indigènes en Algérie, aux colonies et dans les pays de protectorat.

Art. 48. — Il est ajouté à l'avant-dernier paragraphe de l'article 28 de la loi du 21 mars 1905 la disposition suivante :

« Il en est de même de tous actes, de quelque nature qu'ils soient, faits pour l'exécution de l'article 22. »

Art. 49. — Pendant la durée de leur service dans l'armée active, ne sont pas assujettis à l'impôt personnel et mobilier les hommes de troupe mariés dont la cote ne dépasse pas 10 francs en principal.

Art. 50. — L'article 12 de la présente loi est applicable aux réservistes, aux territoriaux et à leur famille pendant l'accomplissement de leurs périodes d'instruction.

Toute disposition contraire est abrogée.

La présente loi, délibérée et adoptée par le Sénat et

par la Chambre des députés, sera exécutée comme loi de l'État.

Fait à Paris, le 7 août 1913,

R. POINCARÉ.

Par le Président de la République :

Le ministre de la guerre,

EUG. ÉTIENNE.

TABLEAU ANNEXÉ

Effectifs minima des unités des différentes armes.

DÉSIGNATION	INFANTERIE		CAVALERIE	ARTILLERIE			
	Compagnie d'infanterie et de zouaves de France	Compagnie de chasseurs à pied	Régiment de cavalerie	Batterie montée et d'artillerie lourde	Batterie à cheval	Batterie de montagne	Batterie à pied
	1	2	3	4	5	6	7
Unités à effectif normal. . .	140	»	740	110	175	140	120
Unités à effectif renforcé. .	200	200		140			160

DÉSIGNATION	GÉNIE						
	Compagnie de sapeurs mineurs	Compagnie de télégraphistes	Compagnie de chemins de fer	Compagnie de radiotélégraphistes	Compagnie de sapeurs conducteurs	Compagnie d'aéronautique	Détachement de projecteurs
	8	9	10	11	12	13	14
Unités à effectif normal. . .	140	140	200	220	130 fort. 90 faible.	150	50
Unités à effectif renforcé. .	200						

Vu pour être annexé à la loi du 7 août 1913, délibérée et adoptée par le Sénat et par la Chambre des députés.

Par le Président de la République :

Le Ministre de la Guerre,
EUG. ÉTIENNE.

Le Président de la République française,
R. POINCARÉ.

*Loi modifiant les art. 4 et 5 de la loi sur le recru-
tement de l'armée (6 décembre 1912).*

Art. 1ᵉʳ. — Le dernier paragraphe de l'article 4 de la
loi du 21 mars 1905 sur le recrutement de l'armée,
modifiée par les lois des 11 avril 1910 et 30 mars 1912,
est remplacé par les dispositions suivantes :

« Sont également exclus de l'armée, et dans les conditions ci-dessus déterminées :

« 1° Les individus condamnés à une peine de trois
mois d'emprisonnement au moins, soit par application
de l'article 242, paragraphe 2, du code de justice militaire pour provocation à la désertion, soit par application de l'article 84 de la loi du 21 mars 1905 pour
manœuvres ayant pour but de favoriser ou provoquer
l'insoumission ;

« 2° Les individus qui ont été l'objet de deux ou plusieurs condamnations dont la durée totale est de trois
mois au moins, prononcées soit par application des
articles 30 et 33 de la loi du 29 juillet 1881 pour diffa-
mation ou injure envers les armées de terre et de mer,
soit par application de l'article 25 de la même loi, ou
de l'article 2 de la loi du 28 juillet 1894, pour provocation adressée à des militaires dans le but de les détour-
ner de leurs devoirs militaires et de l'obéissance qu'ils
doivent à leurs chefs. »

Art. 2. — L'article 5 de la loi du 21 mars 1905 est
remplacé par les dispositions suivantes :

« Art. 5. — Les individus reconnus coupables de
crimes et condamnés seulement à l'emprisonnement par
application des articles 67, 68 et 463 du code pénal ;

« Ceux qui ont été condamnés correctionnellement à

six mois d'emprisonnement au moins, soit pour blessures ou coups volontaires, par application des articles 309 et 311 du code pénal, soit pour violences contre les enfants, prévues par l'article 312, paragraphes 6 et suivants du même code ;

« Ceux qui ont été condamnés correctionnellement à un mois d'emprisonnement au moins pour outrage public à la pudeur, pour délit de vol, escroquerie, abus de confiance ou attentat aux mœurs, prévu par l'article 334 du code pénal ;

« Ceux qui ont été condamnés correctionnellement pour avoir fait métier de souteneur, délit prévu par l'article 2 de la loi du 3 avril 1903, quelle que soit la durée de la peine ;

« Ceux qui ont été l'objet de *deux ou plusiéurs condamnations* dont la durée totale est de trois mois au moins pour rébellion (art. 209 à 221 du code pénal) ou violences envers les dépositaires de l'autorité et de la force publique (art. 228 et 230 du code pénal);

« Ceux qui ont été l'objet de deux ou plusieurs condamnations dont la durée totale est de trois mois au moins, pour l'un ou plusieurs des délits spécifiés dans l'alinéa 2 du présent article ;

« Ceux qui ont été l'objet de deux ou plusieurs condamnations, dont la durée totale est de trois mois au moins, pour l'un ou plusieurs des délits prévus par les articles 269 à 276 inclusivement du code pénal ;

« Ceux qui ont été l'objet de deux ou plusieurs condamnations, dont la durée totale est de trois mois au moins, pour le délit de filouterie d'aliments prévu par l'article 401 du code pénal ;

« Ceux qui ont été l'objet de deux ou plusieurs condamnations quelle qu'en soit la durée pour l'un ou plusieurs des délits spécifiés dans l'alinéa 3 du présent article,

« Sont incorporés dans les bataillons d'infanterie légère d'Afrique, sauf décision contraire du ministre de la guerre après enquête sur leur conduite depuis leur sortie de prison. »

« Pour l'application des dispositions qui précèdent, il ne sera tenu compte des condamnations prononcées à l'étranger qu'après que la régularité et la légalité de la condamnation auront été vérifiées par le tribunal correctionnel du domicile civil du condamné.

« Les individus qui, au moment de l'appel de leur classe, se trouveraient retenus pour ces mêmes faits dans un établissement pénitentiaire, seront incorporés dans lesdits bataillons à l'expiration de leur peine, pour accomplir le temps de service prescrit par la présente loi. »

Art. 3. — Par mesure transitoire, le ministre de la guerre pourra, dès la promulgation de la présente loi et sur la proposition des chefs de corps, prononcer l'envoi aux bataillons d'infanterie légère d'Afrique des hommes actuellement incorporés qui se trouvent dans l'un des cas visés par l'article 2 de la présente loi, qui se seront rendus coupables d'actes d'indiscipline ou qui, par leur mauvaise conduite, sont un danger pour la valeur morale du corps de troupe dans lequel ils servent.

Loi modifiant la loi sur le recrutement de l'armée
(3o mars 1912).

Art. 1er. — Cet article qui portait modifications à l'article 58 de la loi du 21 mars 1905 est devenu sans objet par suite de la suppression dudit article 58 (*Art. 29 de la loi du 7 août 1913*).

Art. 2. — Les sous-officiers commissionnés avant la promulgation de la présente loi, qui occuperont à cette date un emploi autre que ceux figurant aux tableaux H et I, pourront être maintenus au corps dans l'emploi qu'ils occupent :

Soit pendant un délai de cinq ans, s'ils ont été commissionnés après dix ans et avant quinze ans de services ;

Soit jusqu'à vingt-cinq ans de services, s'ils ont été commissionnés après quinze ans de services.

Ils devront être définitivement rayés des contrôles de l'activité, à l'expiration du délai de cinq ans pour les premiers, après vingt-cinq ans de services pour les autres, si un des emplois des tableaux H et I ne leur a pas été attribué.

Il n'est en rien innové en ce qui concerne les sous-officiers bénéficiaires de la loi du 10 juillet 1907.

Loi modifiant la loi sur le recrutement de l'armée
(13 mars 1912).

Article unique. — Le septième alinéa de l'art. 83 de la loi du 21 mars 1905 est remplacé par le suivant :

« Dans aucun cas, le temps pendant lequel les hommes visés à tous les paragraphes qui précèdent n'auront pas été présents sous les drapeaux, ne comptera dans les années de service exigées. »

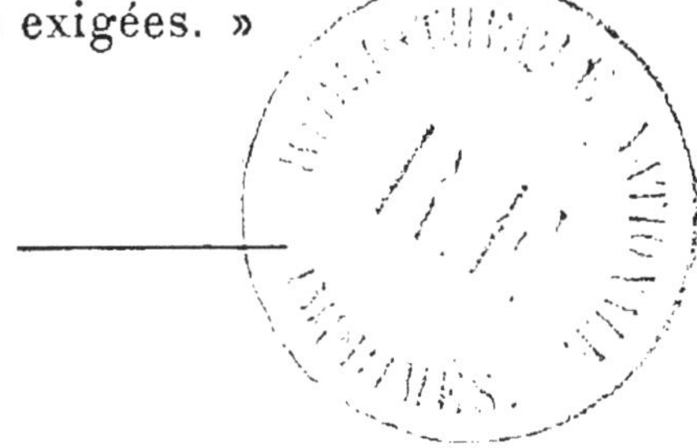